Cartes d'Étude

pour servir

à l'Enseignement de la Géog[raphie]

EUROPE

31 Cartes et 133 Cartons

... ET C... Éditeurs

4º G
741

CARTES D'ÉTUDE

POUR SERVIR A

L'ENSEIGNEMENT DE LA GÉOGRAPHIE

PAR MM.

Marcel DUBOIS

PROFESSEUR DE GÉOGRAPHIE COLONIALE A LA FACULTÉ DES LETTRES DE PARIS
MAITRE DE CONFÉRENCES A L'ÉCOLE NORMALE SUPÉRIEURE DE JEUNES FILLES DE SÈVRES

et

E. SIEURIN

PROFESSEUR DE GÉOGRAPHIE AU COLLÈGE DE MELUN

EUROPE

31 CARTES ET 133 CARTONS

TROISIÈME ÉDITION
AVEC DEUX CARTES NOUVELLES

PARIS

MASSON ET CIE, ÉDITEURS

120, BOULEVARD SAINT-GERMAIN

1898

Tous droits réservés.

Les **CARTES D'ÉTUDE** forment trois parties :

Première partie :

La France : 40 feuilles (240 cartes et cartons dont voici le détail) :

1. Situation de la France dans le monde. — 2. France géologique. — 3. France orographique. — 4. Les Alpes. — 5. Principaux passages des Alpes. — 6. Le Jura, les Vosges et le Morvan. — 7. Massif central. — 8. Les Pyrénées. — 9. Régions climatériques, pluies, lignes isothermes. — 10. France hydrographique. — 11. Tributaires de la mer du Nord, la Seine et ses affluents. — 12. La Loire et ses affluents. Les fleuves bretons. — 13. La Garonne et ses affluents. L'Adour. — 14. Le Rhône et ses affluents. Les fleuves côtiers méditerranéens. — 15. France limnologique. — 16, 17, 18, 19. La côte française. — 20. France économique. — 21. France économique (*Suite*). — 22. Chemins de fer. — 23. Canaux et voies navigables. — 24. France historique. Carte d'ensemble. — 25. France politique. Départements et anciennes provinces. — 26. France politique. Ire région. — 27. IIe région. — 28. IIIe, IVe régions. — 29. V^e, VIe régions. — 30. VIIe région. — 31. VIIIe région. — 32. France administrative. — 33. France universitaire. — 34. Défense du territoire. Frontière belge et frontière allemande. — 35. Défense du territoire. Frontière des Alpes et frontière des Pyrénées. — 36. Maroc, Algérie-Tunisie (carte physique et carte politique). — 37. Zone saharienne réservée à l'influence française, Soudan français (carte physique), Gabon et Congo français. — 38. Madagascar. Possessions françaises de l'Indo-Chine. Tonkin, Cochinchine. — 39. La Guyane française. Terre-Neuve, St-Pierre et Miquelon, Martinique, Guadeloupe. Nouvelle-Calédonie, Autres Colonies de l'Océanie. — 40. Madagascar.

1 vol. in-4, cartonné, dos vert, 4e édition **1 80**

Deuxième partie :

L'Europe : 31 feuilles (133 cartes et cartons) :

1. Situation de l'Europe dans le monde. — 2. Europe géologique (carte d'ensemble). — 3. Europe physique (carte d'ensemble). — 4. Europe climatérique. — 5. Europe ethnographique. — 6. Europe politique (carte d'ensemble). — 7. La Méditerranée. — 8. Les Alpes. — 9. Le Rhin. — 10. Le Danube. — 11. Iles Britanniques (carte d'ensemble). — 12. Iles Britanniques (carte physique). — 13. Belgique et Hollande. — 14. Belgique et Hollande (carte politique). — 15. Scandinavie (carte physique). — 16. Scandinavie (carte politique). — 17. Russie physique. — 18. Russie politique et économique. — 19. Autriche-Hongrie (carte physique). — 20. Autriche-Hongrie (carte politique). — 21. Allemagne physique. — 22. Allemagne politique. — 23. Suisse physique. — 24. Suisse politique. — 25. Espagne et Portugal (carte physique). — 26. Espagne et Portugal (carte politique). — 27. Italie physique. — 28. Italie politique. — 29. Péninsule des Balkans (carte physique). — 30. Péninsule des Balkans (carte politique). — 31. La Grèce.

1 vol. in-4, cartonné, dos bistre, 3e édition... **1 80**

Troisième partie :

Géographie générale: ASIE, OCÉANIE, AFRIQUE, AMÉRIQUE : 50 feuilles (250 cartes et cartons) :

1 et 2. Notions de cosmographie. — 3. Les mers. — 4. Les continents. — 5. Le relief terrestre. — 6. Les eaux douces (fleuves-lacs). — 7. Les côtes. — 8 et 9. L'atmosphère. — 10. Principales productions du sol. — 11. Ethnographie. — 12. Asie physique. — 13. Asie politique. — 14. Sibérie, Turkestan. — 15. Iran, Arménie, pays du Caucase. — 16. Asie-Mineure. — 17. Mésopotamie, Syrie, Arabie. — 18. Inde physique. — 19. Inde politique et économique. — 20. Asie centrale. — 21. Chine. — 22. Indo-Chine. — 23. Japon et Corée. — 24. Océanie (carte générale). Nouvelle-Zélande et Nouvelle-Guinée. — 25. Australie. — 26. Indes Neerlandaises, Philippines. — 27. Polynésie. — 28. Afrique physique. — 29. Afrique politique. — 30. Maroc, Algérie, Tunisie. — 31. Côte tripolitaine, Cyrénaïque, Sahara. — 32. Egypte, Nubie, Abyssinie. — 33. Soudan. — 34. Afrique équatoriale. — 35. Afrique équatoriale (*Suite*). — 36. Afrique australe (carte physique). — 37. Afrique australe (carte politique) et Afrique insulaire. — 38. Amérique physique. — 39. Amérique politique. — 40. Canada. — 41. États-Unis (politique et économique). — 42. Mexique et Amérique centrale (physique). — 43. Mexique et Amérique centrale (politique). — 44. Les Antilles. — 45. Amérique du Sud (politique). — 46. Colombie, Venezuela, Guyanes. — 47. Equateur, Pérou, Bolivie. — 48. Brésil. — 49. République Argentine. — 50. Grandes voies de communication du globe.

1 vol. in-4, cartonné, dos bleu, 3e édition... **2 50**

Elles sont en outre vendues reliées en un volume. Prix............................ **6 fr.**

1155-98. — CORBEIL. Imprimerie ED. CRÉTÉ

L'EUROPE

DÉTAIL DES CARTES ET DES CARTONS

N° 1. — **Situation de l'Europe dans le monde.**

N° 2. — **Europe géologique** (carte d'ensemble).

N° 3. — **Europe physique** (carte d'ensemble).

N° 4. — **Europe climatérique.**
Cartons : Pluies.

N° 5. — **Europe ethnographique.**
Cartons : Expansion européenne. — Densité de la population.

N° 6. — **Europe politique** (carte d'ensemble).

N° 7. — **La Méditerranée.**
Cartons : Les seuils de la Méditerranée. — Canal de Suez.

N° 8. — **Les Alpes.**
Cartons : Géologie. — Alpes Bernoises. — Profil des Alpes de l'Est à l'Ouest. — Pentes comparées des deux versants alpestres, sud et nord.

N° 9. — **Le Rhin.**
Cartons : Géologie. — Domaine hydrographique du Rhin. — Plan de Strasbourg.

N° 10. — **Le Danube.**

N° 11. — **Iles britanniques** (carte physique).
Cartons : Carte géologique. — Ile Valentia et Câbles télégraphiques. — Manchester. — Londres et le cours inférieur de la Tamise.

N° 12. — **Iles Britanniques** (carte politique).
Cartons : Superficie comparée des Iles Britanniques et de la France. — Carte économique. — Bassins houillers. — Production comparée de la houille en France et en Angleterre. — Région industrielle du Lancashire. — Région industrielle du Staffordshire.

N° 13. — **Belgique et Hollande** (carte physique).
Cartons : Superficie comparée de la France, de la Belgique et de la Hollande. — Géologie. Liége. — Namur. — Carte économique.

N° 14. — **Belgique et Hollande** (carte politique).
Cartons : Coupe des Ardennes. — Canaux franco-belges.

N° 15. — **Scandinavie** (carte physique).
Cartons : Superficie comparée de la France, de la Suède, de la Norvège et du Danemark. — Géologie. — Copenhague et le Sund. — Le Sogne-fiord.

N° 16. — **Scandinavie** (carte politique).
Cartons : Scandinavie économique. — Répartition du sol en Suède et en Norvège. — Islande. — Coupe des Alpes Scandinaves.

N° 17. — **Russie physique.**
Cartons : Superficie comparée de la Russie et de la France. — Géologie. — Répartition du sol de la Russie. — Principales sources de pétrole du Caucase. — La Pologne au xviii° siècle.

TABLE DES CARTES

N° 18. — Russie politique et économique.
Cartons : La Russie en Europe. — Ethnographie de la Russie. — Profil du Caucase de l'Est à l'Ouest. — Coupe du Caucase du Nord au Sud. — Les Crues de la Volga. — Températures moyennes d'été et d'hiver. — Saint-Pétersbourg et Kronstadt.

N° 19. — Autriche-Hongrie (carte physique).
Cartons : Superficie comparée de la France et de l'Autriche-Hongrie. — Géologie. — Domaine hydrographique du Danube. — Ethnographie.

N° 20. — Autriche-Hongrie (carte politique).
Cartons : Carte économique de l'Autriche-Hongrie. — Carte économique de la Bohême. — Le Danube aux Portes de fer.

N° 21. — Allemagne physique.
Cartons : Géologie. — Régime des pluies. — Embouchure de l'Elbe.

N° 22. — Allemagne politique.
Cartons : Superficie comparée de l'Allemagne et de la France. — Carte économique de l'Allemagne. — Région industrielle de la Ruhr. — Région industrielle de la Saxe.

N° 23. — Suisse physique.
Cartons : Superficie comparée de la France et de la Suisse. — Géologie. — Genève et ses environs. — Profil du tunnel du Saint-Gothard. Plan du tunnel.

N° 24. — Suisse politique.
Cartons : Carte économique de la Suisse. — Langues. — Pluies. — Lac de Genève. — Bale et ses environs. — Coupé par le Saint-Gothard de la plaine suisse et de la Suisse montueuse.

N° 25. — Espagne et Portugal (carte physique).
Cartons : Superficie comparée de la France, du Portugal et de l'Espagne. — Géologie. — Détroit de Gibraltar.

N° 26. — Espagne et Portugal (carte politique).
Cartons : Carte économique. — Lisbonne et l'embouchure du Tage. — Cadix.

N° 27. — Italie physique.
Cartons : Géologie. — Environs de Rome. — Environs de Naples.

N° 28. — Italie politique.
Cartons : Superficie comparée de la France et de l'Italie. — Carte économique. — Principaux canaux de la plaine du Pô. — Palmanova.

N° 29. — Péninsule des Balkans (carte physique).
Cartons : Superficie comparée de la France, de la Turquie, de la Roumanie, de la Serbie, du Monténégro et de la Grèce. — Géologie. — Constantinople et le Bosphore. — Athènes.

N° 30. — Péninsule des Balkans (carte politique).
Cartons : Carte économique. — Races. — Provinces de la Grèce ancienne.

N° 31. — La Grèce.
Carton : L'Ile de Crète.

EUROPE

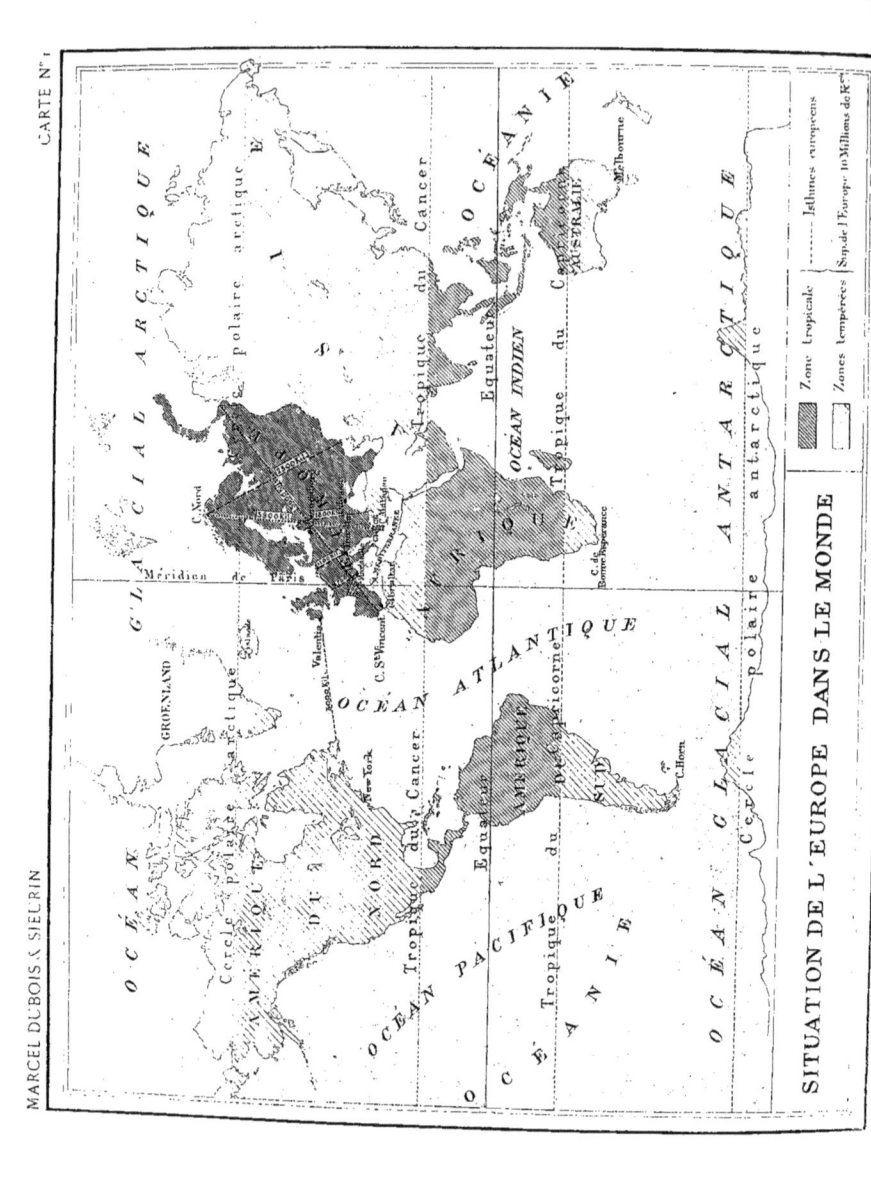

SITUATION DE L'EUROPE DANS LE MONDE

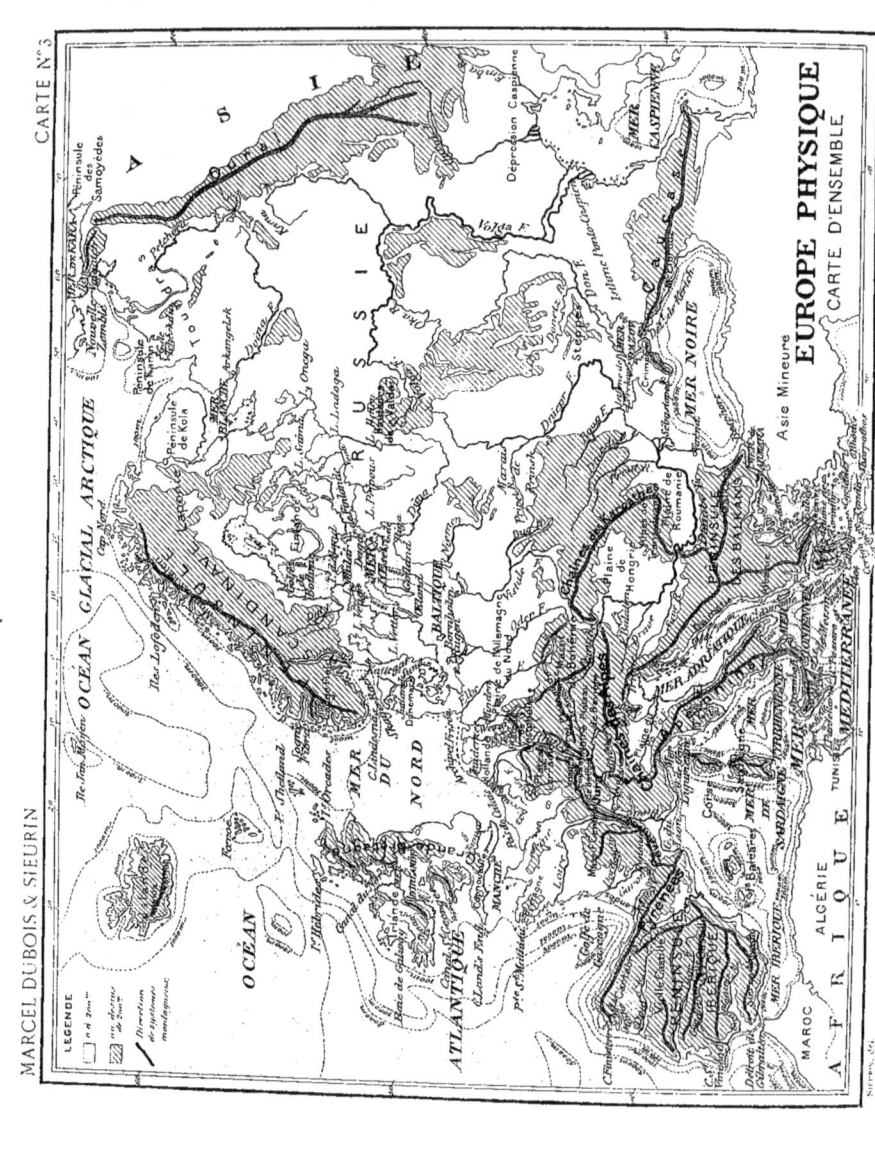

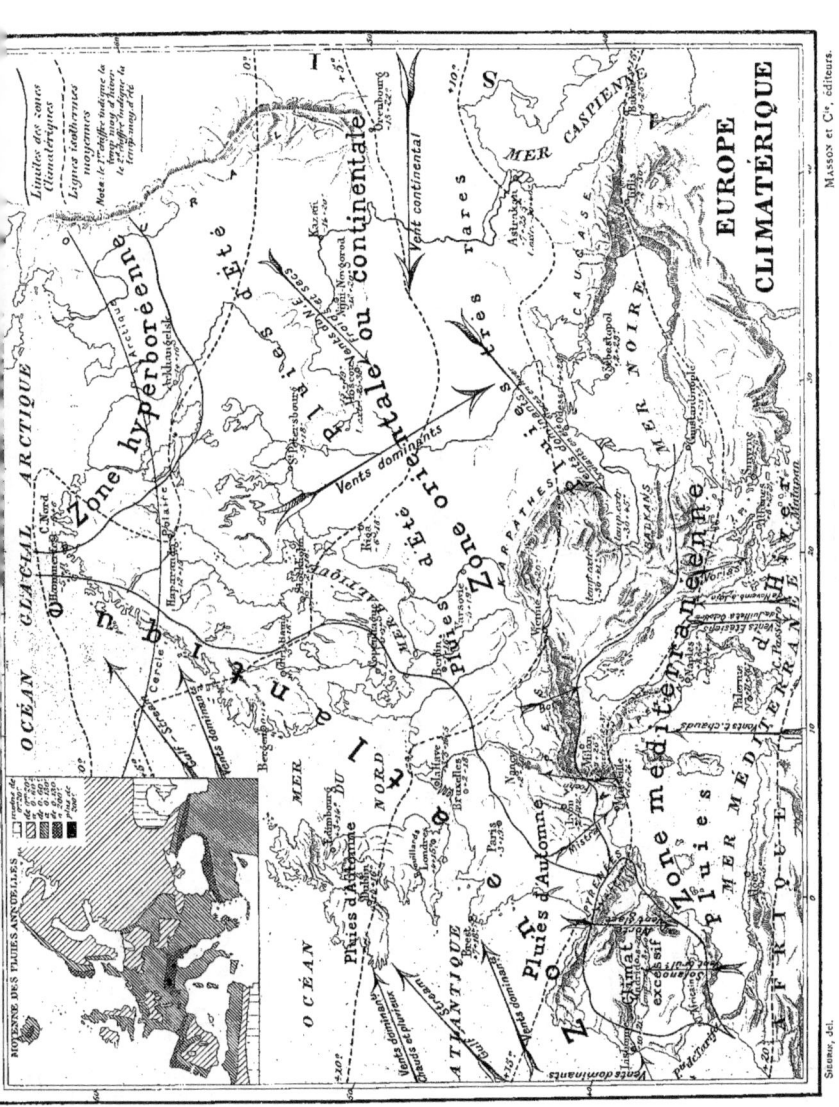

CARTE N°5

MARCEL DUBOIS & SIEURIN

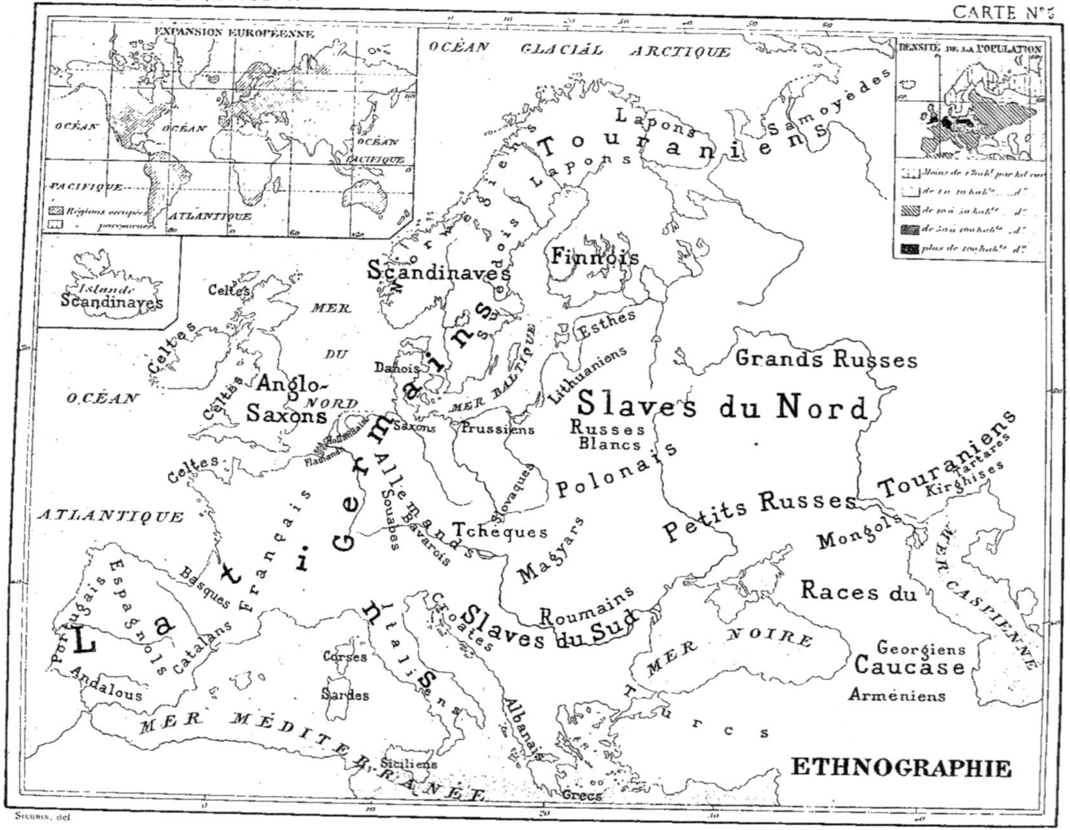

ETHNOGRAPHIE

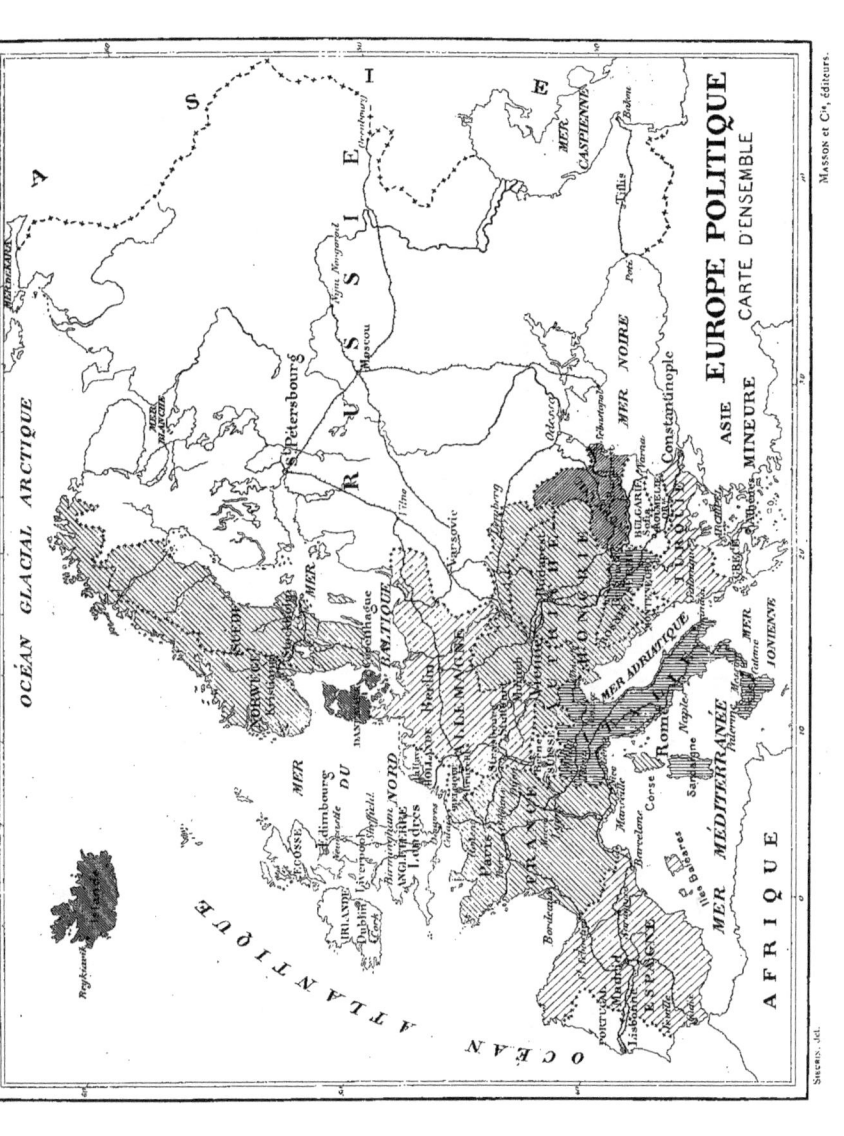

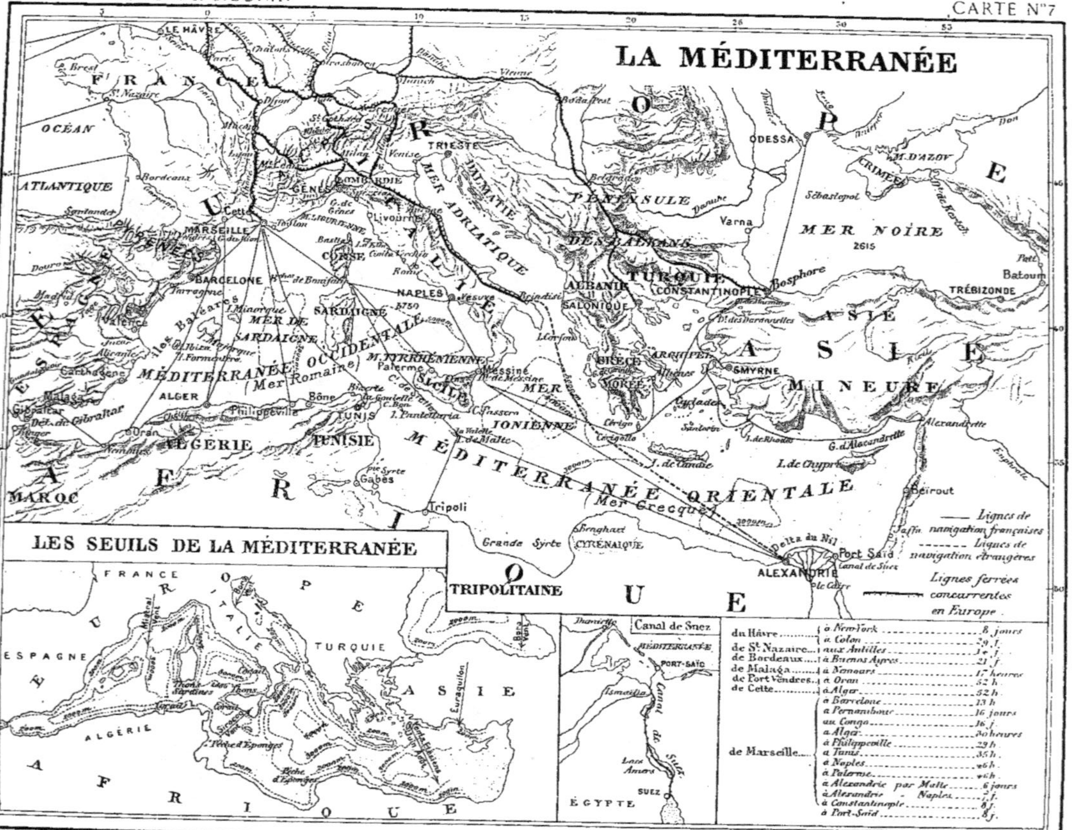

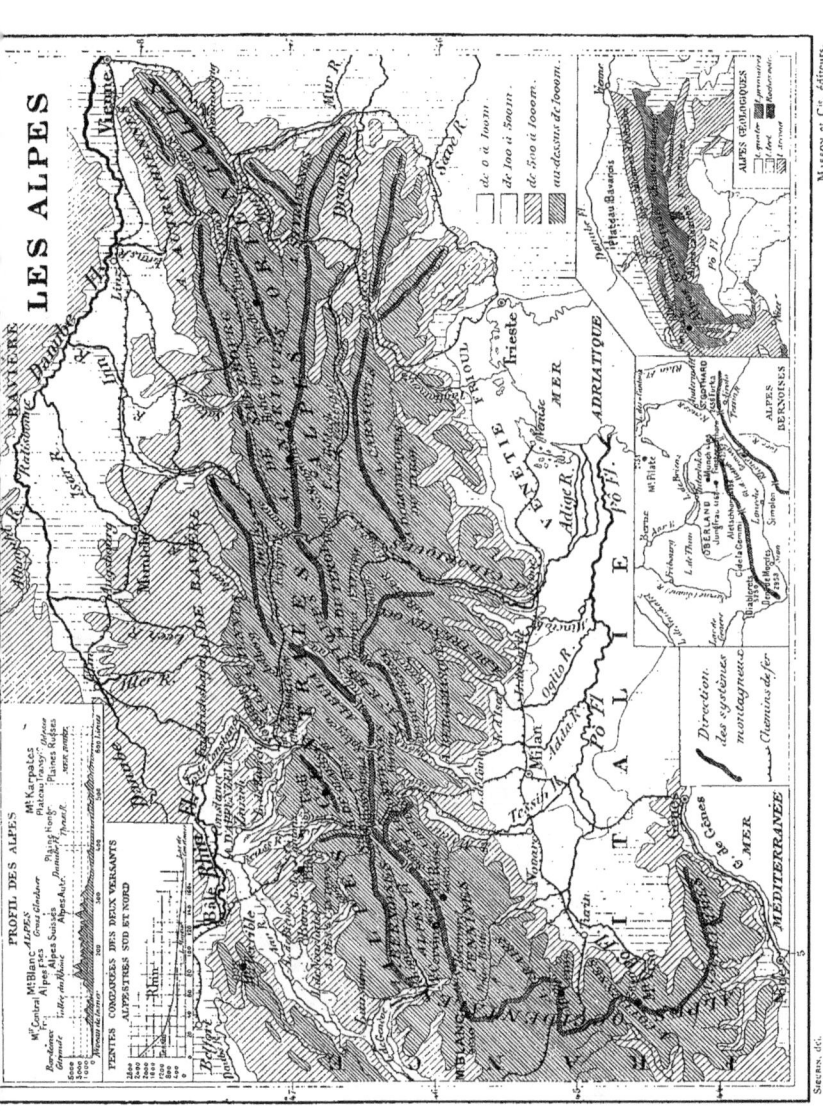

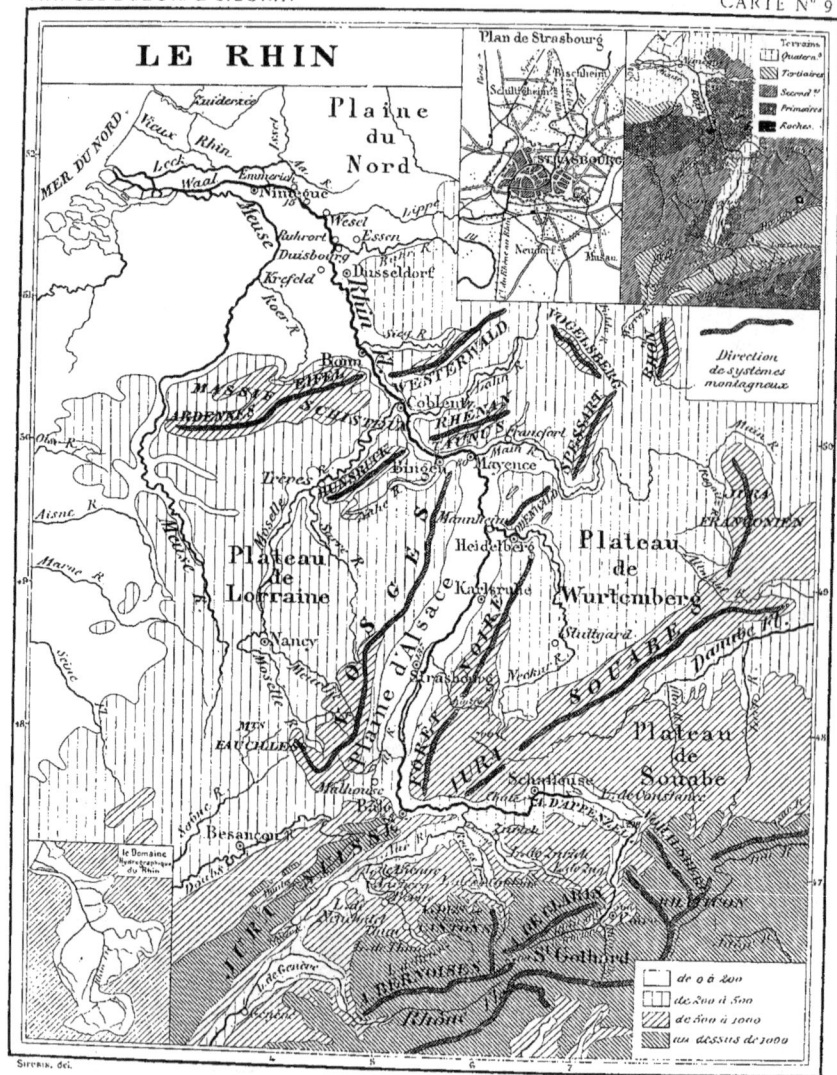

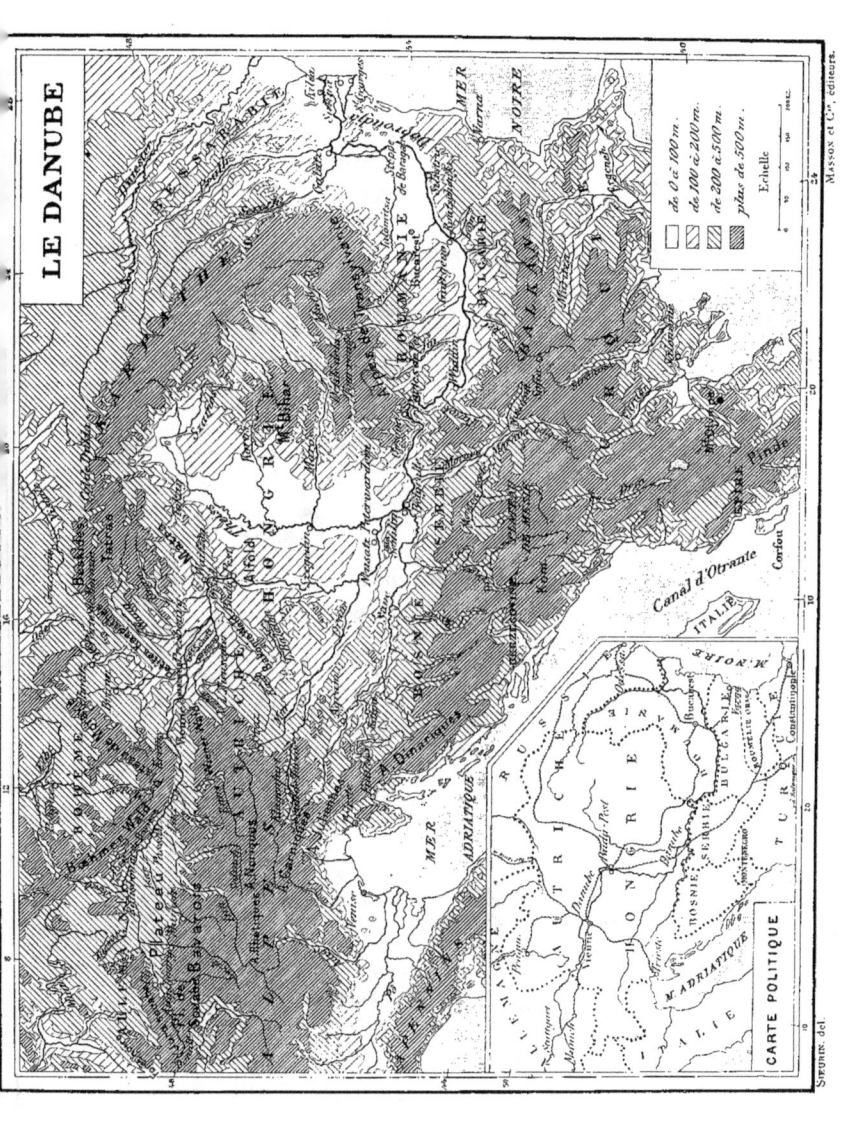

MARCEL DUBOIS & SIEURIN CARTE N°1

CARTE N° 1 — BELGIQUE ET HOLLANDE, CARTE PHYSIQUE

MARCEL DUBOIS & SIEURIN

CARTE N° 14

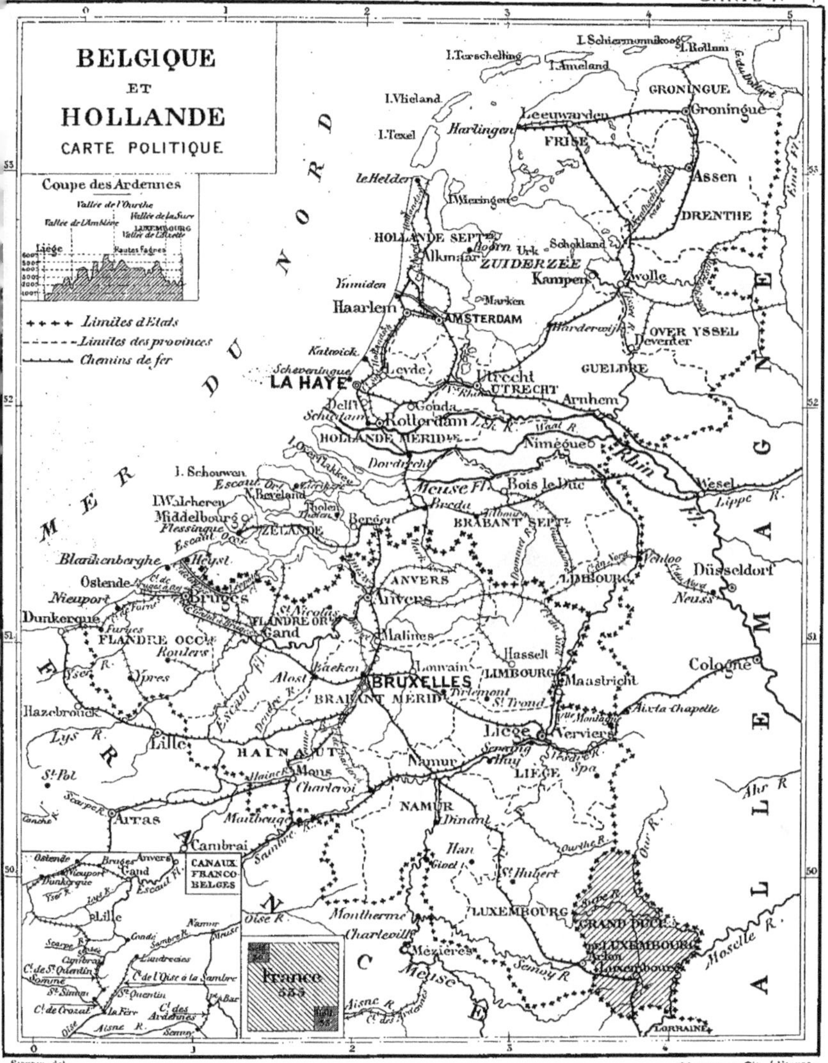

SIEURIN, del.

MASSON et Cie, éditeurs.

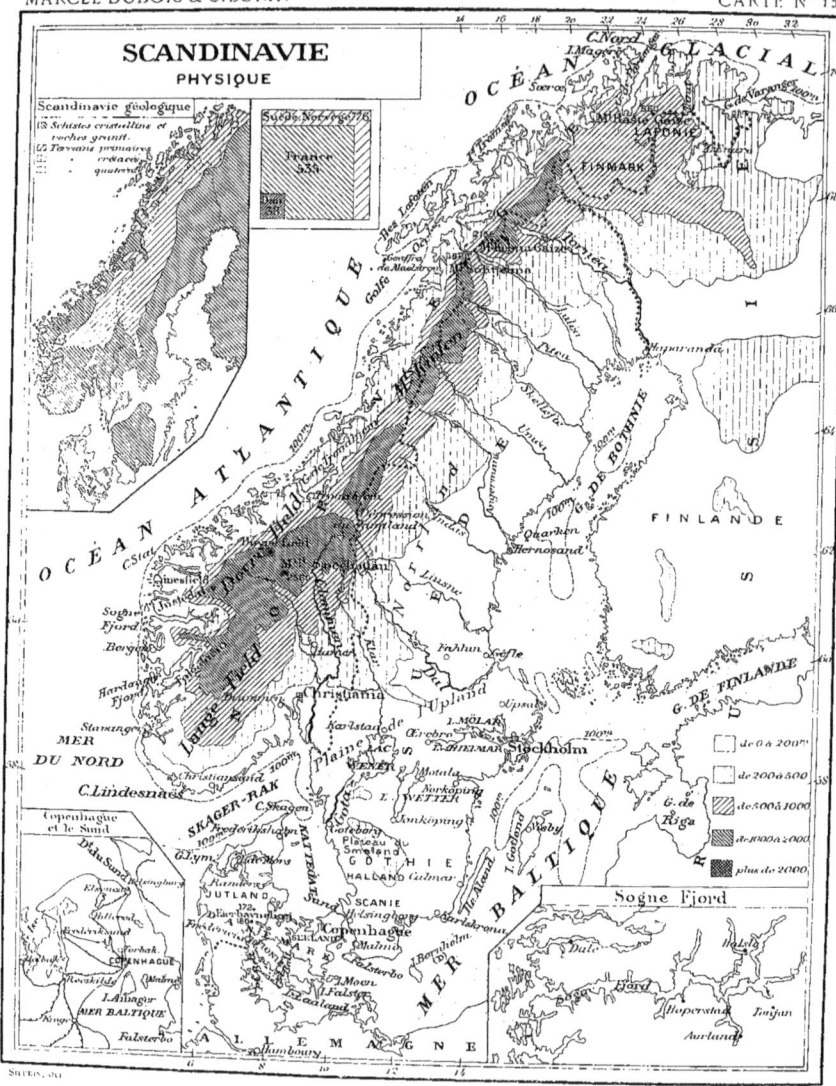

MARCEL DUBOIS & SIEURIN   CARTE N° 16

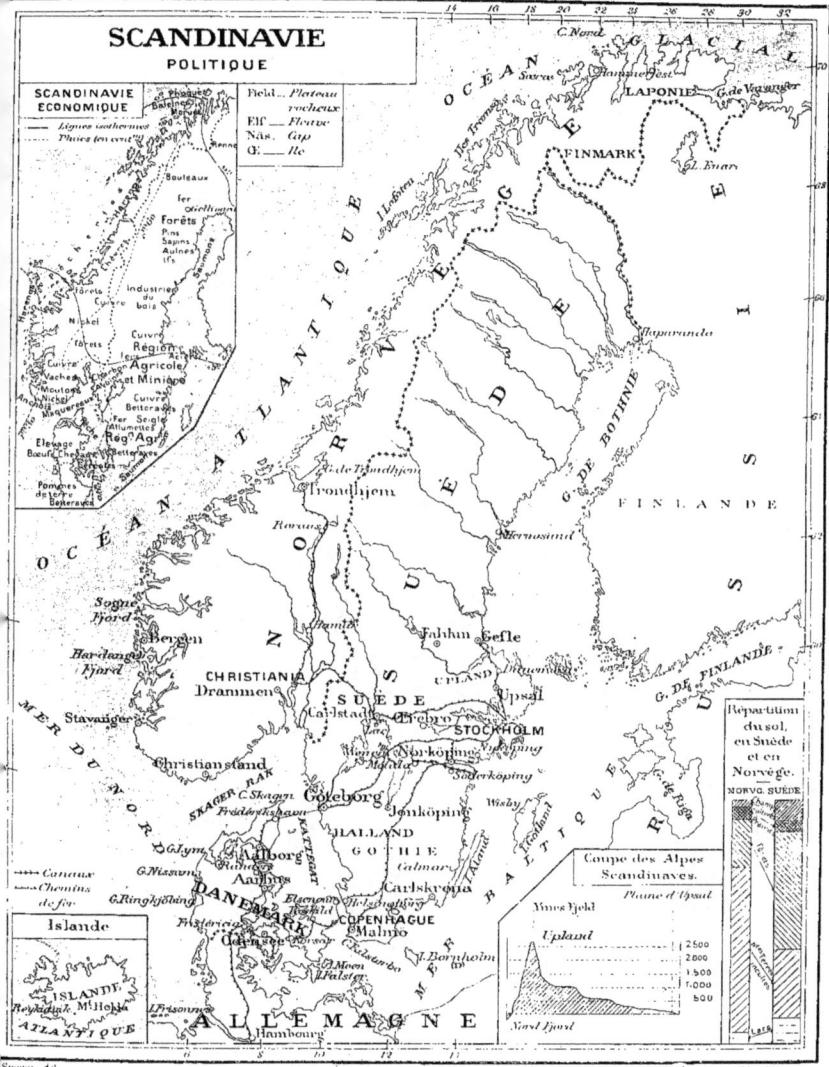

RUSSIE PHYSIQUE

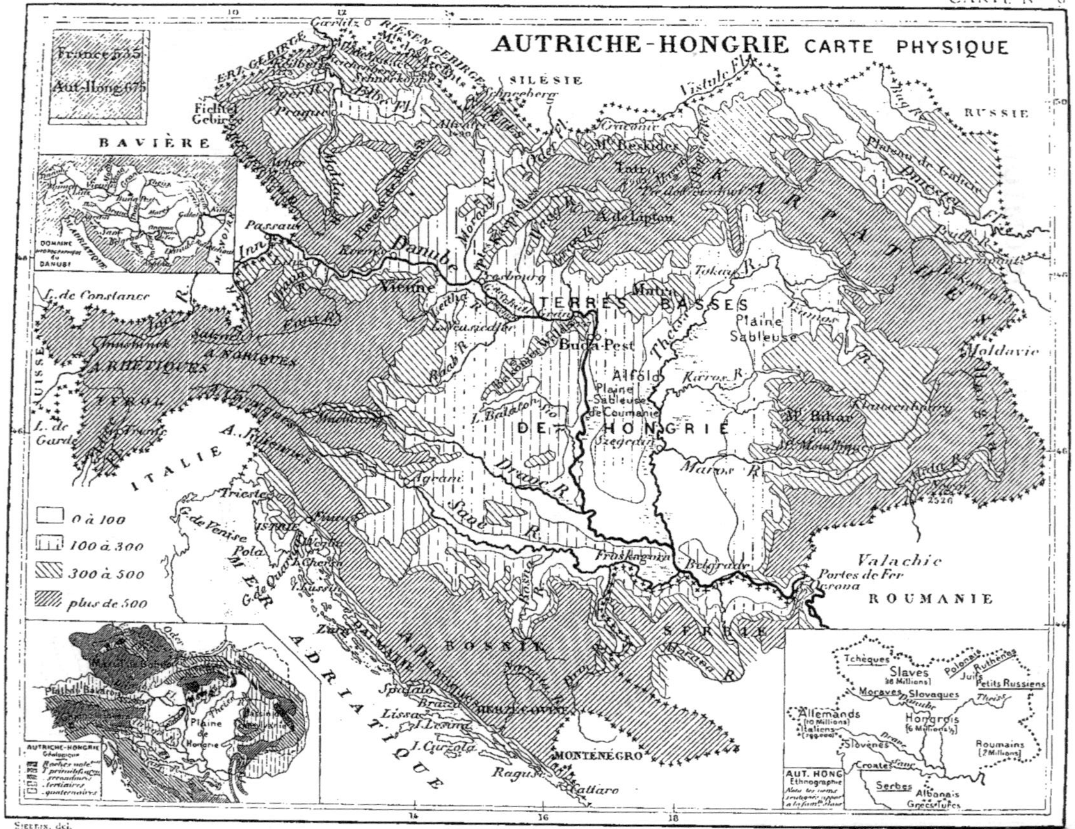
AUTRICHE-HONGRIE CARTE PHYSIQUE
France 535
Aut-Hong 675
BAVIÈRE
SILÉSIE
RUSSIE
ROUMANIE
ITALIE
TERRES BASSES DE HONGRIE
Vienne
Buda-Pest
Danube
Prague
Passau
Valachie
Portes de Fer
Moldavie
MONTÉNÉGRO
SERBIE
BOSNIE
HERZÉGOVINE
Agram
Trieste
Pola
Raguse
Cattaro
Belgrade
Szegedin
Plaine Sableuse
Alföld
L. Balaton
L. de Constance
L. de Garde
MER ADRIATIQUE
0 à 100
100 à 300
300 à 500
plus de 500
AUT. HONG Ethnographie
Tchèques
Slaves
Polonais
Ruthènes
Petits Russiens
Moraves
Slovaques
Allemands
Hongrois
Slovènes
Croates
Serbes
Albanais
Roumains
AUTRICHE-HONGRIE Géologique
Plaine de Hongrie

Sieurin, del.

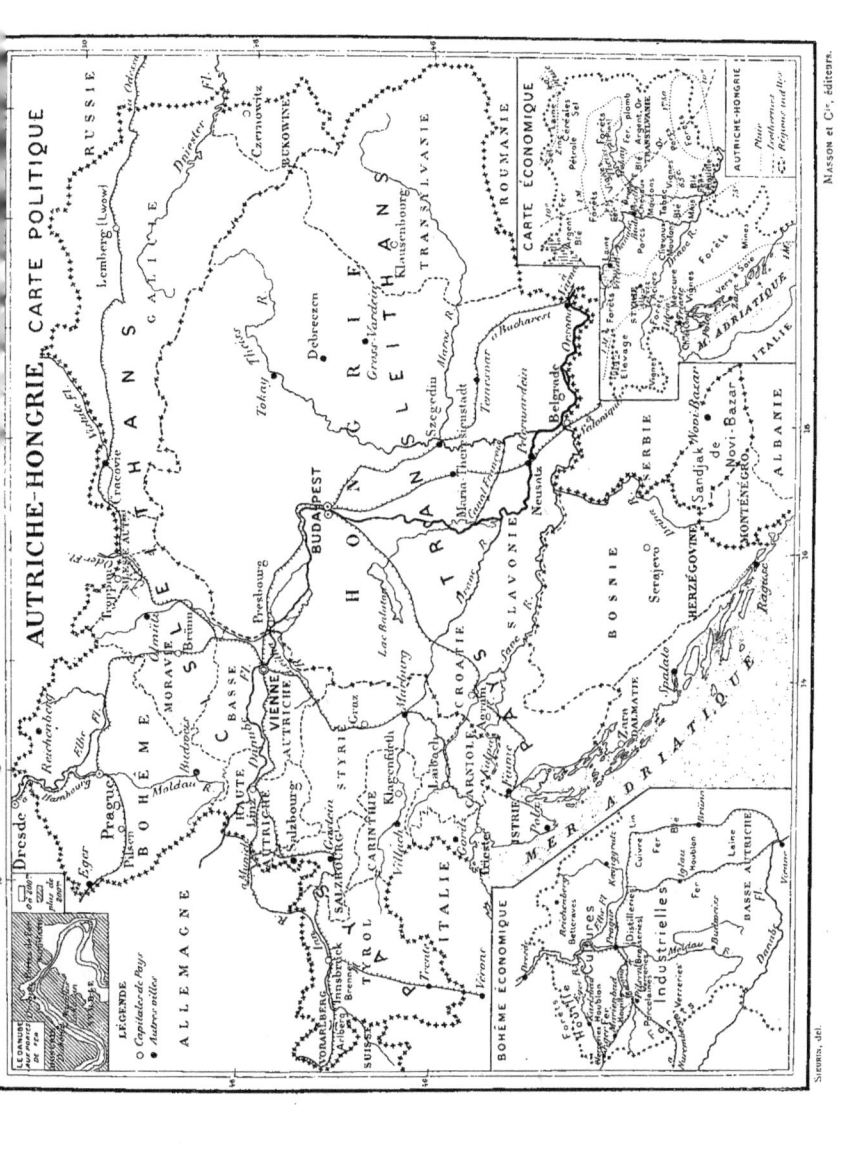

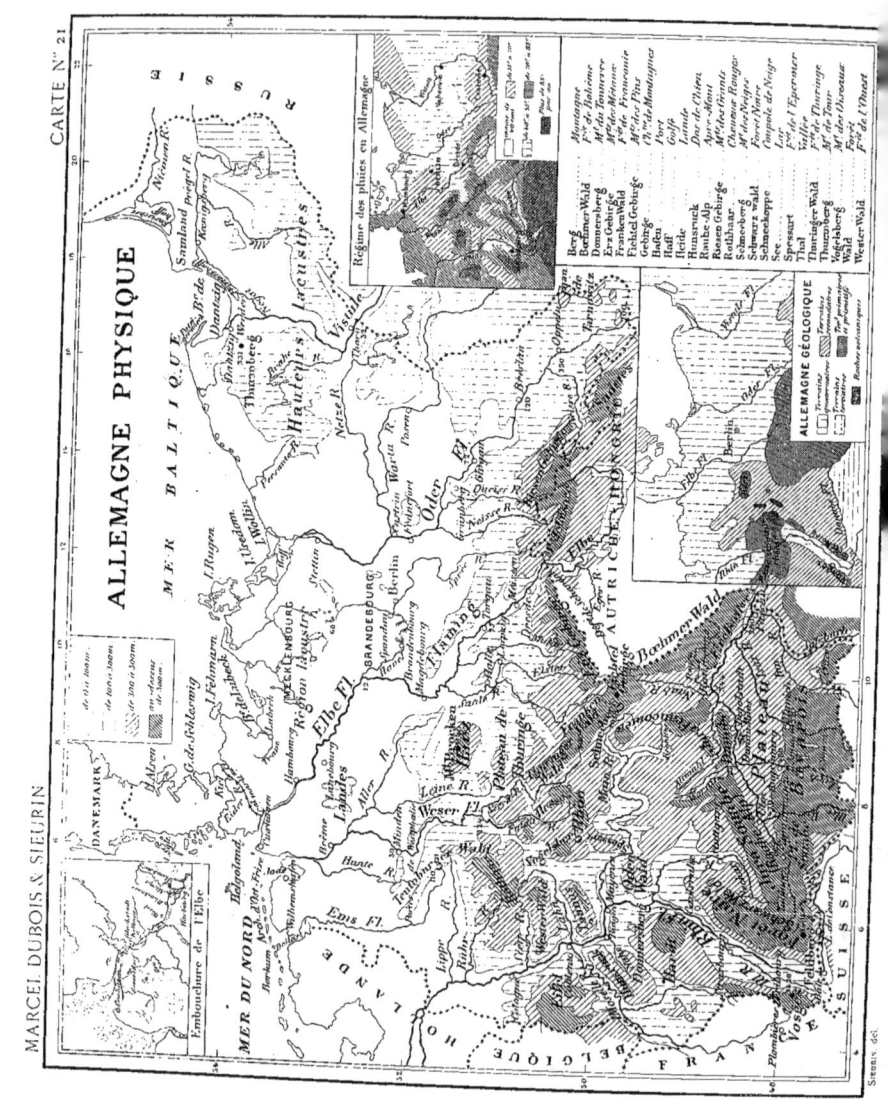

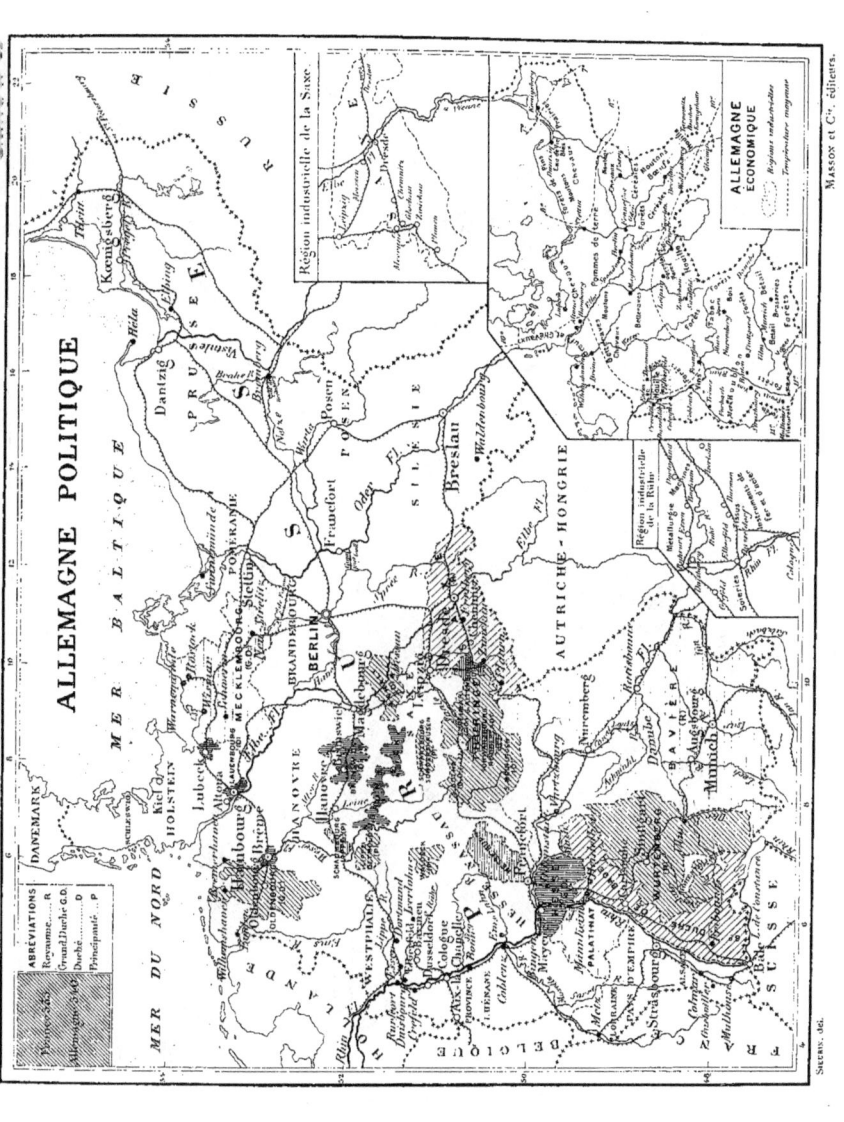

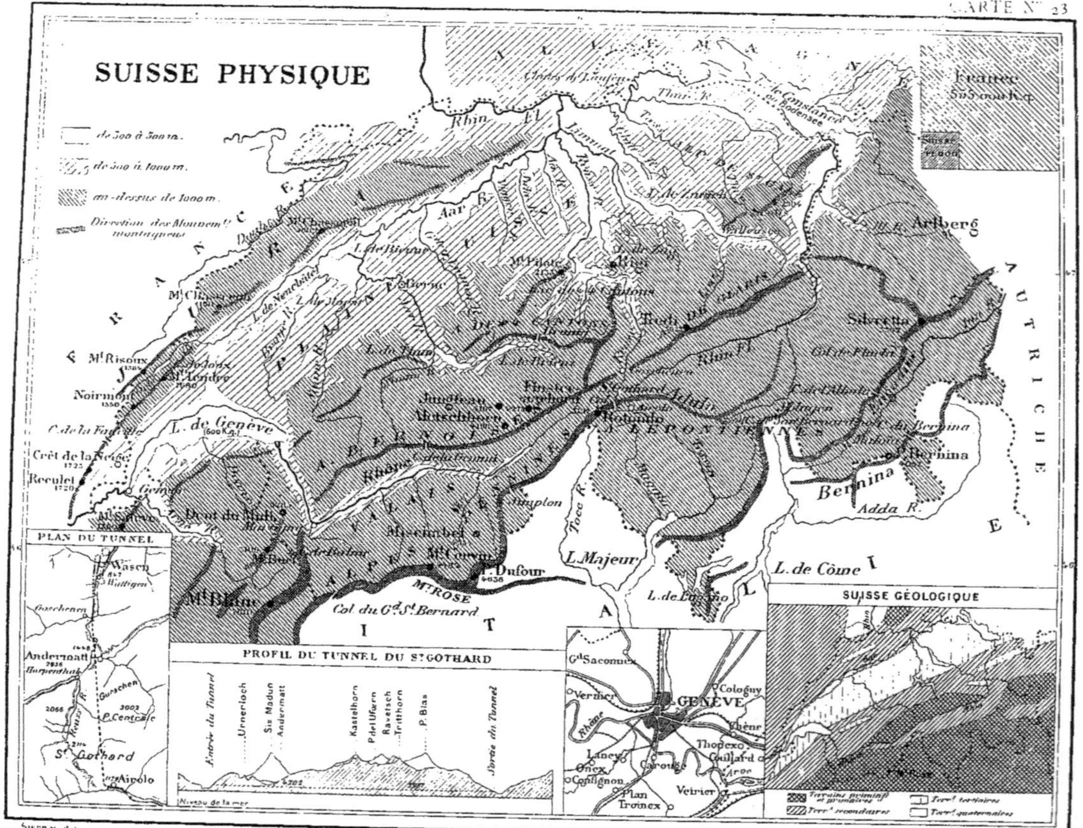

MARCEL DU BOIS & SIEURIN

CARTE N° 23

SUISSE PHYSIQUE

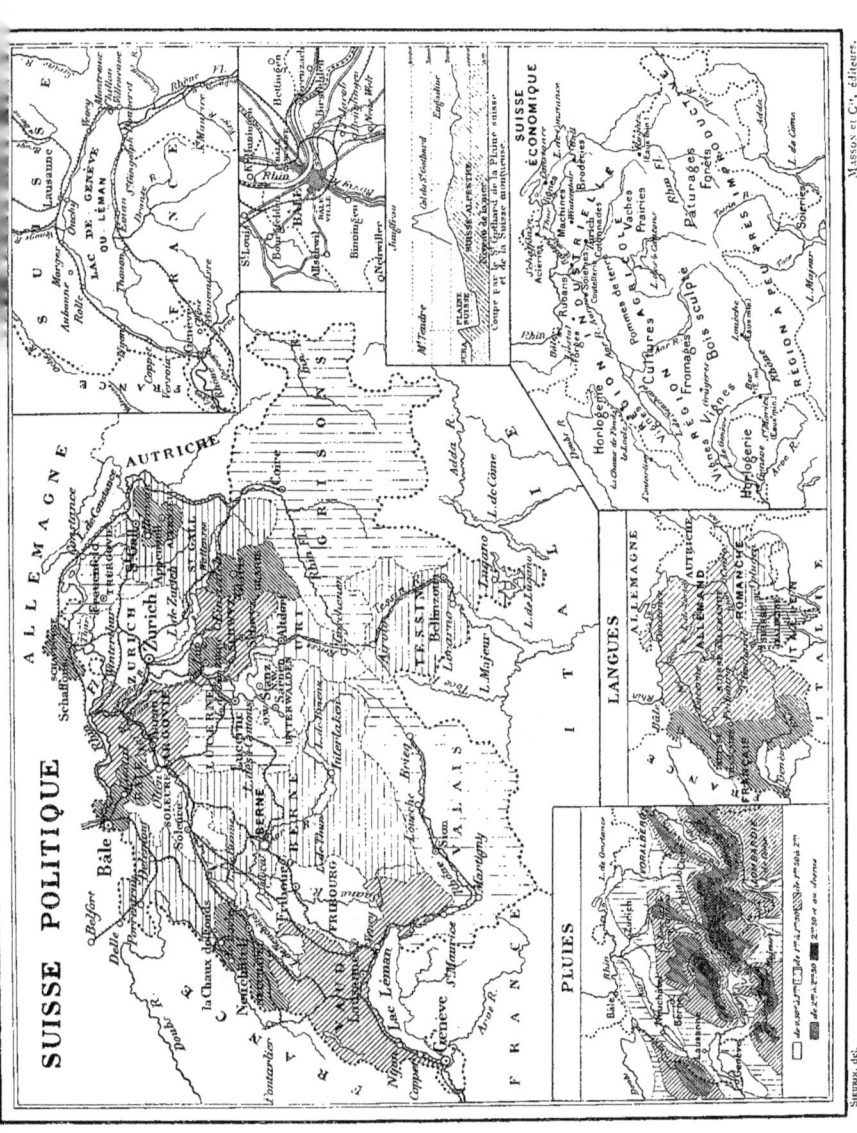

CARTE N° 25

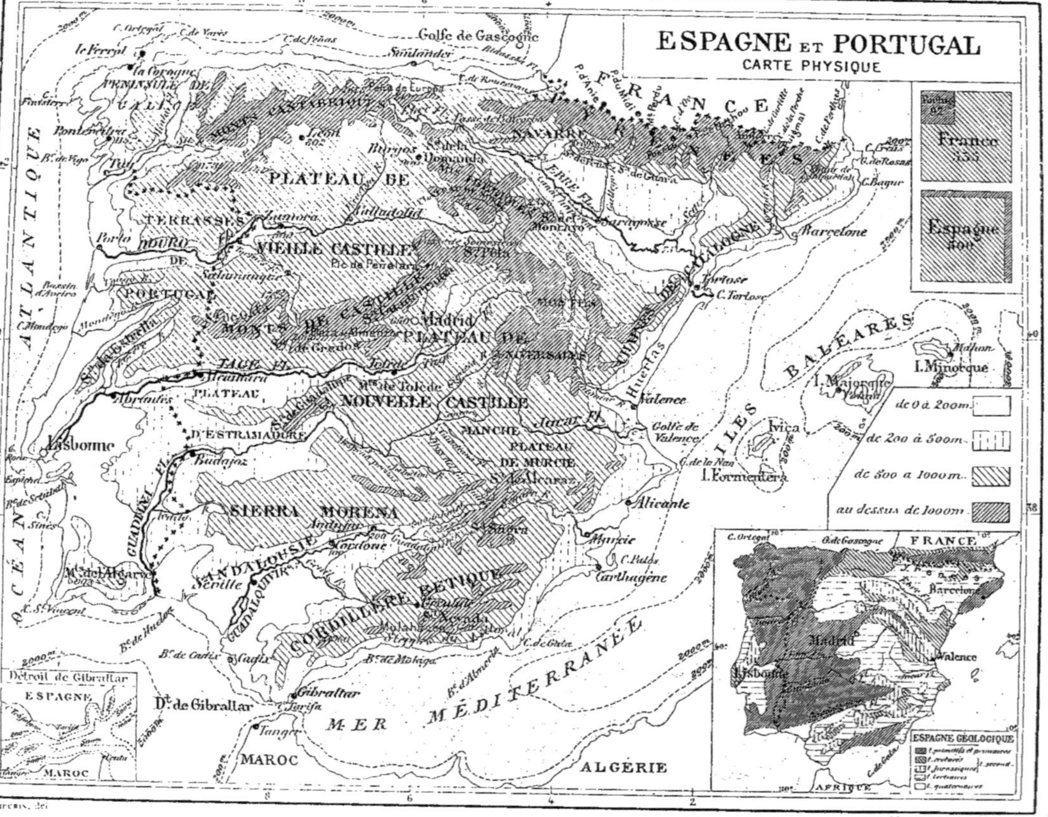

ESPAGNE ET PORTUGAL
CARTE PHYSIQUE

MARCEL DUBOIS & SIEURIN

Masson et C.ⁱᵉ, éditeurs.

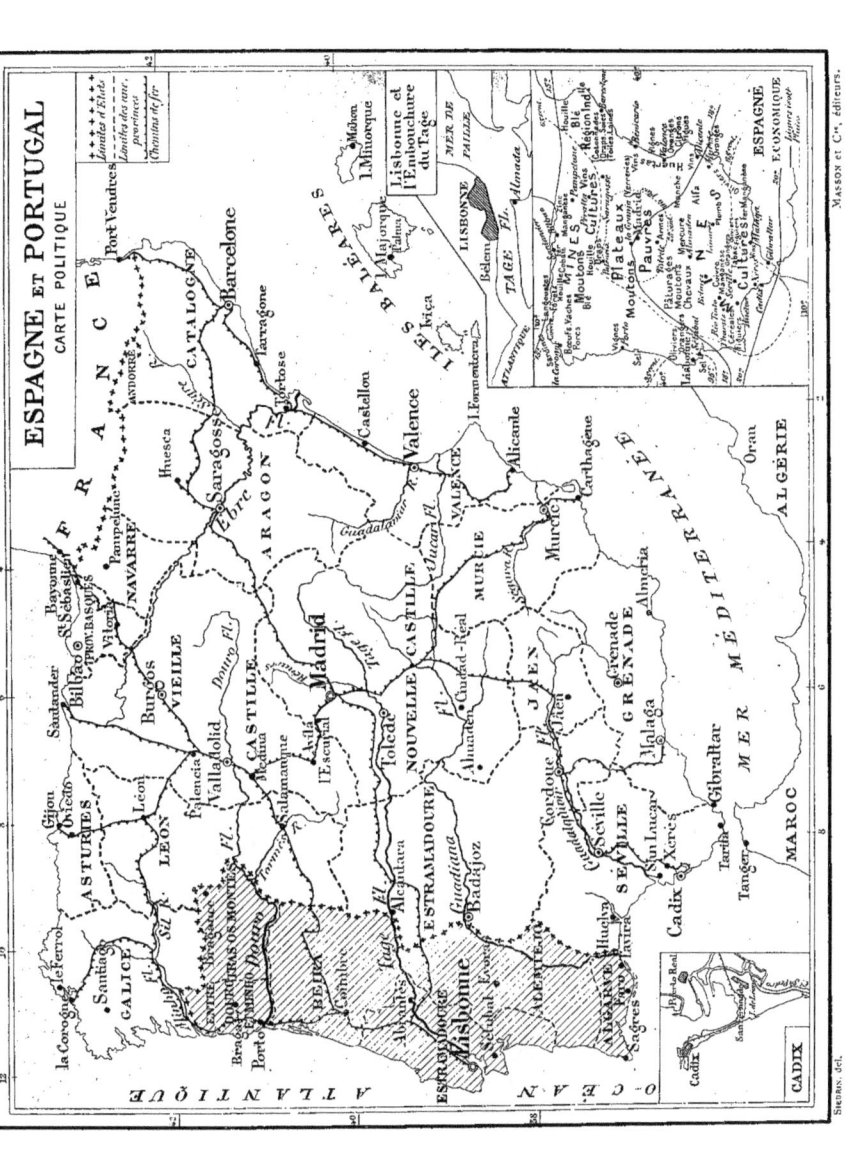

ITALIE PHYSIQUE

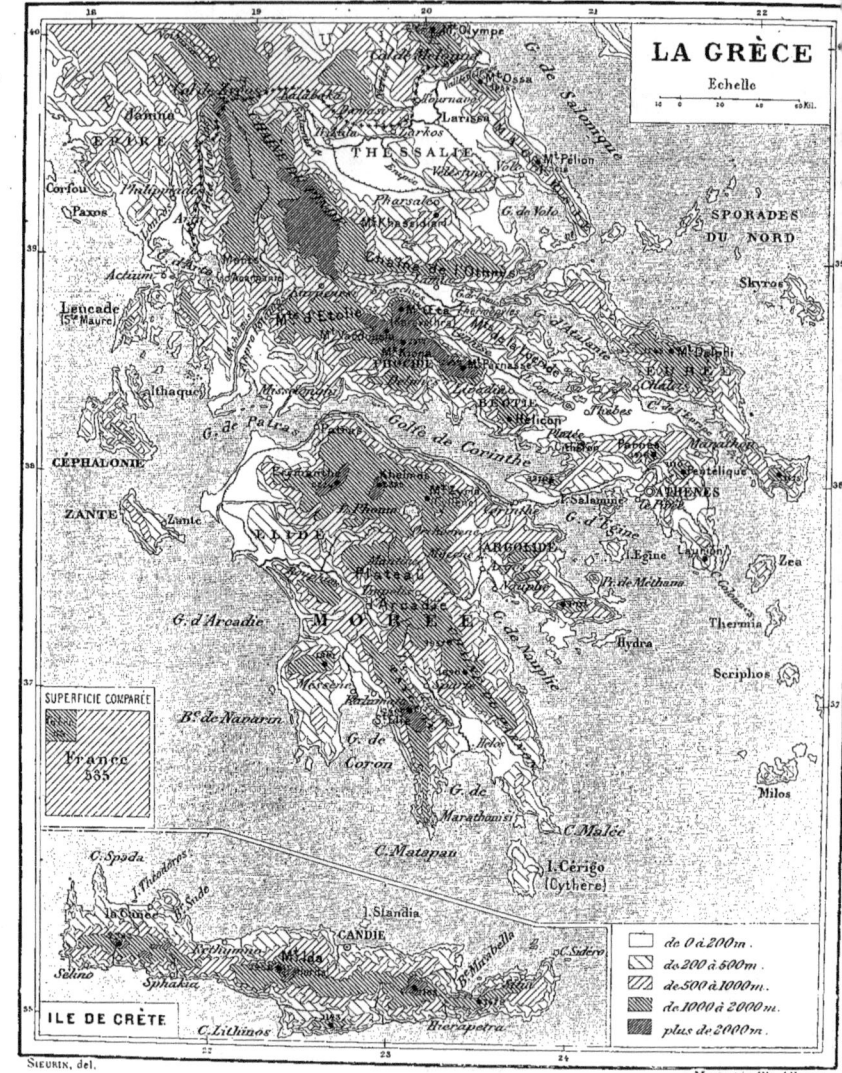

www.ingramcontent.com/pod-product-compliance
Lightning Source LLC
Chambersburg PA
CBHW061007050426
42453CB00009B/1296